Date I bought my Puppy home _____

Puppies Name _____

Color _____   Age _____

Weight _____   Height _____

Favorite Food _____

Favorite Toy _____

Date of first Bath _____

Date of first Trick _____

Date of first Walk _____

Date _____

Age when picture was taken _____

Picture was taken at _____

_____

Place picture here

All about my Puppy

My Puppies dislikes _____

_____

What my Puppy has learnt _____

_____

_____

_____

Date _____

Age when picture was taken _____

Picture was taken at _____

_____

Place picture here

All about my Puppy

My Puppies dislikes _____

_____

What my Puppy has learnt _____

_____

_____

_____

Date _____

Age when picture was taken _____

Picture was taken at _____

_____

Place picture here

All about my Puppy

My Puppies dislikes _____

_____

What my Puppy has learnt _____

_____

_____

_____

Date _____

Age when picture was taken _____

Picture was taken at _____

_____

Place picture here

All about my Puppy

My Puppies dislikes _____

_____

What my Puppy has learnt _____

_____

_____

_____

Date _____

Age when picture was taken _____

Picture was taken at _____

_____

Place picture here

All about my Puppy

My Puppies dislikes _____

_____

What my Puppy has learnt _____

_____

_____

_____

Date _____

Age when picture was taken _____

Picture was taken at _____

_____

Place picture here

All about my Puppy

My Puppies dislikes _____

_____

What my Puppy has learnt _____

_____

_____

_____

Date _____

Age when picture was taken _____

Picture was taken at _____

_____

Place picture here

All about my Puppy

My Puppies dislikes _____

_____

What my Puppy has learnt _____

_____

_____

_____

Date _____

Age when picture was taken _____

Picture was taken at _____

_____

Place picture here

All about my Puppy

My Puppies dislikes _____

_____

What my Puppy has learnt _____

_____

_____

_____

Date _____

Age when picture was taken _____

Picture was taken at _____

_____

Place picture here

All about my Puppy

My Puppies dislikes _____

_____

What my Puppy has learnt _____

_____

_____

_____

Date _____

Age when picture was taken _____

Picture was taken at _____

_____

Place picture here

All about my Puppy

My Puppies dislikes _____

_____

What my Puppy has learnt _____

_____

_____

_____

Date _____

Age when picture was taken _____

Picture was taken at _____

_____

Place picture here

All about my Puppy

My Puppies dislikes _____

_____

What my Puppy has learnt _____

_____

_____

_____

Date _____

Age when picture was taken _____

Picture was taken at _____

_____

Place picture here

All about my Puppy

My Puppies dislikes _____

_____

What my Puppy has learnt _____

_____

_____

_____

Date _____

Age when picture was taken _____

Picture was taken at _____

_____

Place picture here

All about my Puppy

My Puppies dislikes _____

_____

What my Puppy has learnt _____

_____

_____

_____

Date _____

Age when picture was taken _____

Picture was taken at _____

_____

Place picture here

All about my Puppy

My Puppies dislikes _____

_____

What my Puppy has learnt _____

_____

_____

_____

Date _____

Age when picture was taken _____

Picture was taken at _____

_____

Place picture here

All about my Puppy

My Puppies dislikes _____

_____

What my Puppy has learnt _____

_____

_____

_____

Date _____

Age when picture was taken _____

Picture was taken at _____

_____

Place picture here

All about my Puppy

My Puppies dislikes _____

_____

What my Puppy has learnt _____

_____

_____

_____

Date _____

Age when picture was taken _____

Picture was taken at _____

_____

Place picture here

All about my Puppy

My Puppies dislikes _____

_____

What my Puppy has learnt _____

_____

_____

_____

Date _____

Age when picture was taken _____

Picture was taken at _____

_____

Place picture here

All about my Puppy

My Puppies dislikes _____

_____

What my Puppy has learnt _____

_____

_____

_____

Date _____

Age when picture was taken _____

Picture was taken at _____

_____

Place picture here

All about my Puppy

My Puppies dislikes _____

_____

What my Puppy has learnt _____

_____

_____

_____

Date _____

Age when picture was taken _____

Picture was taken at _____

_____

Place picture here

All about my Puppy

My Puppies dislikes _____

_____

What my Puppy has learnt _____

_____

_____

_____

Date _____

Age when picture was taken _____

Picture was taken at _____

_____

Place picture here

All about my Puppy

My Puppies dislikes _____

_____

What my Puppy has learnt _____

_____

_____

_____

Date _____

Age when picture was taken _____

Picture was taken at _____

_____

Place picture here

All about my Puppy

My Puppies dislikes _____

_____

What my Puppy has learnt _____

_____

_____

_____

Date _____

Age when picture was taken _____

Picture was taken at _____

_____

Place picture here

All about my Puppy

My Puppies dislikes _____

_____

What my Puppy has learnt _____

_____

_____

_____

Date _____

Age when picture was taken _____

Picture was taken at _____

_____

Place picture here

All about my Puppy

My Puppies dislikes   _____

_____

What my Puppy has learnt   _____

_____

_____

_____

Date _____

Age when picture was taken _____

Picture was taken at _____

_____

Place picture here

All about my Puppy

My Puppies dislikes _____

_____

What my Puppy has learnt _____

_____

_____

_____

Date _____

Age when picture was taken _____

Picture was taken at _____

_____

Place picture here

All about my Puppy

My Puppies dislikes _____

_____

What my Puppy has learnt _____

_____

_____

_____

Date _____

Age when picture was taken _____

Picture was taken at _____

_____

Place picture here

All about my Puppy

My Puppies dislikes _____

_____

What my Puppy has learnt _____

_____

_____

_____

Date _____

Age when picture was taken _____

Picture was taken at _____

_____

Place picture here

All about my Puppy

My Puppies dislikes _____

_____

What my Puppy has learnt _____

_____

_____

_____

Date _____

Age when picture was taken _____

Picture was taken at _____

_____

Place picture here

All about my Puppy

My Puppies dislikes   _____

_____

What my Puppy has learnt   _____

_____

_____

_____

Date _____

Age when picture was taken _____

Picture was taken at _____

_____

Place picture here

All about my Puppy

My Puppies dislikes   _____

_____

What my Puppy has learnt   _____

_____

_____

_____

Date _____

Age when picture was taken _____

Picture was taken at _____

_____

Place picture here

All about my Puppy

My Puppies dislikes _____

_____

What my Puppy has learnt _____

_____

_____

_____

Date _____

Age when picture was taken _____

Picture was taken at _____

_____

Place picture here

All about my Puppy

My Puppies dislikes _____

_____

What my Puppy has learnt _____

_____

_____

_____

Date _____

Age when picture was taken _____

Picture was taken at _____

_____

Place picture here

All about my Puppy

My Puppies dislikes _____

_____

What my Puppy has learnt _____

_____

_____

_____

Date _____

Age when picture was taken _____

Picture was taken at _____

_____

Place picture here

All about my Puppy

My Puppies dislikes _____

_____

What my Puppy has learnt _____

_____

_____

_____

Date _____

Age when picture was taken _____

Picture was taken at _____

_____

Place picture here

All about my Puppy

My Puppies dislikes _____

_____

What my Puppy has learnt _____

_____

_____

_____

Date _____

Age when picture was taken _____

Picture was taken at _____

_____

Place picture here

All about my Puppy

My Puppies dislikes _____

_____

What my Puppy has learnt _____

_____

_____

_____

Date _____

Age when picture was taken _____

Picture was taken at _____

_____

Place picture here

All about my Puppy

My Puppies dislikes   _____

_____

What my Puppy has learnt   _____

_____

_____

_____

Date _____

Age when picture was taken _____

Picture was taken at _____

_____

Place picture here

All about my Puppy

My Puppies dislikes _____

_____

What my Puppy has learnt _____

_____

_____

_____

Date _____

Age when picture was taken _____

Picture was taken at _____

_____

Place picture here

All about my Puppy

My Puppies dislikes _____

_____

What my Puppy has learnt _____

_____

_____

_____

Date _____

Age when picture was taken _____

Picture was taken at _____

_____

Place picture here

All about my Puppy

My Puppies dislikes _____

_____

What my Puppy has learnt _____

_____

_____

_____

Date _____

Age when picture was taken _____

Picture was taken at _____

_____

Place picture here

All about my Puppy

My Puppies dislikes _____

_____

What my Puppy has learnt _____

_____

_____

_____

Date   _____

Age when picture was taken   _____

Picture was taken at   _____

_____

Place picture here

All about my Puppy

My Puppies dislikes _____

_____

What my Puppy has learnt _____

_____

_____

_____

Date _____

Age when picture was taken _____

Picture was taken at _____

_____

Place picture here

All about my Puppy

My Puppies dislikes _____

_____

What my Puppy has learnt _____

_____

_____

_____

Date _____

Age when picture was taken _____

Picture was taken at _____

_____

Place picture here

All about my Puppy

My Puppies dislikes _____

_____

What my Puppy has learnt _____

_____

_____

_____

Date _____

Age when picture was taken _____

Picture was taken at _____

_____

Place picture here

All about my Puppy

My Puppies dislikes _____

_____

What my Puppy has learnt _____

_____

_____

_____

Date _____

Age when picture was taken _____

Picture was taken at _____

_____

Place picture here

All about my Puppy

My Puppies dislikes _____

_____

What my Puppy has learnt _____

_____

_____

_____

Date _____

Age when picture was taken _____

Picture was taken at _____

_____

Place picture here

All about my Puppy

My Puppies dislikes _____

_____

What my Puppy has learnt _____

_____

_____

_____

Date _____

Age when picture was taken _____

Picture was taken at _____

_____

Place picture here

All about my Puppy

My Puppies dislikes _____

_____

What my Puppy has learnt _____

_____

_____

_____

Date _____

Age when picture was taken _____

Picture was taken at _____

_____

Place picture here

All about my Puppy

My Puppies dislikes _____

_____

What my Puppy has learnt _____

_____

_____

_____

Date _____

Age when picture was taken _____

Picture was taken at _____

_____

Place picture here

Made in the USA
Las Vegas, NV
12 September 2021